Orçamento Minimalista Em português/ Minimalist Budget In Portuguese:

Estratégias Simples Para Economizar Mais E Ficar Seguro Financeiramente.

Sumário

Este documento está orientado para fornecer informações exatas e confiáveis no que diz respeito ao tema e à questão abordada. A publicação é vendida com a ideia de que a editora não é obrigada a prestar serviços de contabilidade, oficialmente permitidos, ou de outra forma, qualificados. Se for necessário aconselhamento, jurídico ou profissional, deve ser encomendado um indivíduo que exerça a profissão.

A partir de uma Declaração de Princípios que foi aceita e aprovada igualmente por um Committee of the American Bar Association e um Committee of Publishers and Associations.

A informação aqui fornecida é declarada como verdadeira e consistente, na medida em que qualquer responsabilidade, em termos de desatenção ou não, por qualquer uso ou abuso de quaisquer políticas, processos, ou instruções contidas dentro, são da solitária e total responsabilidade do leitor destinatário. Em nenhuma circunstância será imputada ao editor qualquer responsabilidade legal ou culpa por qualquer reparação, dano ou perda monetária devida à informação aqui contida, direta ou indiretamente.

Introdução

Quero te agradecer e te dar os parabéns por baixar este livro!

Este livro contém passos e estratégias comprovados sobre como economizar dinheiro e ficar financeiramente seguro. Você é uma daquelas pessoas que não consegue sair do shopping ou de uma loja online de varejo sem comprar nada? Você se encontra sem dinheiro muito antes de receber o próximo salário? Seu orçamento parece ser tão alongado, mas ainda faltam muitas coisas? Se respondeu sim para todas estas perguntas e está buscando maneiras de fazer seu salário durar mais, a solução é adotar o conceito de um orçamento minimalista. Este conceito te ajudará a entender os motivos pelos quais você gasta, te dará ideias sobre como segurar suas tendências de compra impulsivas e te fará economizar dinheiro. Ele te mostrará o quanto sua vida pode ser melhor mesmo sem gastar muito dinheiro. Também verá dicas de como economizar e melhorar seus hábitos de gastos. Este livro te ajudará a ter mais controle do seu dinheiro e das suas finanças e te mostrará as muitas dicas para economizar dinheiro, que te ajudarão a economizar mais e gastar menos. Se estiver pronto para começar a economizar, vire para a próxima página e veja o que te aguarda.

Obrigado mais uma vez por baixar este livro, espero que aproveite!

Capítulo 1 – A Psicologia das Compras

Há muitas razões pelas quais as pessoas compram coisas, mas a psicologia te dirá que há os 4 comportamentos psicológicos mais básicos que te ajudarão a entender por que você compra o que compra. Esses quatro fatores, de acordo com os psicólogos, também preveem o que se comprará no futuro.

Fator #1 – Satisfação das Necessidades

Este é o motivo mais básico das pessoas comprarem coisas – por causa de uma necessidade que precisa ser preenchida. A maioria das coisas que as pessoas compram só o são por causa de uma necessidade intrínseca que precisa ser preenchida. As necessidades podem ser classificadas como básicas ou complexas.

As básicas são as que satisfazem suas necessidades básicas. Elas muitas vezes são associadas às necessidades físicas. As coisas que seu corpo precisa para funcionar normalmente são chamadas de necessidades básicas. Alguns exemplos são comidas, água e abrigo.

As complexas são as que satisfazem suas necessidades emocionais, espirituais e outras formas sem ser a física. Elas podem incluir ter amigos, pertencer a um grupo, começar um hobby que te relaxa. Às vezes elas se sobrepõem outras razões psicológicas de por que as pessoas compram coisas.

Fator #2 – Atenção e Percepção

Este fator psicológico para comprar é sob o qual os publicitários e as equipes de marketing têm influência. Estes dois andam juntos, porque a percepção muitas vezes depende da atenção.

O objetivo de um publicitário é ter a atenção dos clientes por tempo o bastante para ele construírem uma percepção do produto que está sendo vendido. A percepção pode ser favorável ou não. O objetivo é criar uma favorável, para as pessoas sentirem vontade de comprar o produto.

Para capturar a atenção do comprador, os publicitários se certificam que a propaganda é fácil de lembrar, esperta e que realmente chame a atenção. Alguns usam efeitos especiais, ideias incomuns e artifícios só para fazer o comprador olhar o produto ou deixá-lo ciente que tal produto existe.

Assim que é chamada a atenção do comprador, ele pode formar uma percepção sobre o tipo de produto que está à venda. Se ele pensar que o produto o faz sentir bem ou atende suas necessidades, o comprador, frequentemente, comprará o item. Se ele não sentir que o item terá uso para ele, ou se não gostar da mensagem que está sendo mandada, o comprador provavelmente não quererá comprar o produto.

A maioria dos publicitários sabem que a percepção pode ser alterada. É por isto que usam uma tática chamada de repetição e distorção.

A repetição é quando ficam mostrando o produto em diferentes canais, onde o comprador muito provavelmente verá. Estes canais incluem a TV, por impresso e online. Quanto mais uma pessoa ver essas propagandas repetitivas, mais o produto fica em sua mente. Isto faz com que seja mais fácil para eles se lembrarem da mensagem de marketing, quando encontram este produto no supermercado, por exemplo. A familiaridade faz com que a pessoa fique mais tentada a comprar.

A distorção é uma forma de manipulação da percepção da pessoa, para deixar o produto mais favorável aos olhos do comprador. Um bom exemplo da distorção é fazer algo que muitas vezes é visto como uma coisa ruim parecer boa. Uma arma, por exemplo, é algo que as pessoas associam com a morte ou armas que podem machucar as pessoas. Mas os fabricantes de armas as anunciam como uma forma de proteção ou algo que pode deixar as pessoas que você ama seguras.

Fator #3 – Conhecimento e Condicionamento

Para comprar um produto, a maioria das pessoas pesquisará sobre tal. Isto é verdade para os itens que as pessoas nunca usaram antes ou que são caros. Uma pessoa comum descobrirá tudo que pode sobre o produto antes de fazer a compra.

Algumas pessoas são influenciadas pelo conhecimento sobre o produto contado por outras pessoas. Se o conhecimento sobre ele não for bom, o trabalho de um anunciante é condicionar a pessoa para mudar sua percepção, ao apresentá-la com um novo conhecimento, que a agradará, antes que ela possa ser convencida a comprar o produto.

O conhecimento e o aprendizado da experiência de outras pessoas também influenciarão o modo de como as pessoas compram coisas, Este é o motivo das pessoas usarem avaliações, unboxing, amostras e promoções "experimente antes de comprar" antes de comprarem o que está sendo anunciado. As avaliações mostram ao comprador um encontro real com o produto, sem comprá-lo.

Fator #4 – Crenças, Culturas e Atitudes

Um grande fator na psicologia da compra são as crenças, culturas e atitudes da pessoa. Ela pode ser influenciada para comprar algo porque é algo que foi inculcado em seu sistema mesmo antes de formar sua percepção sobre um certo produto. É algo que se torna um hábito e uma coisa permanente na vida da pessoa.

Um bom exemplo disto é quando alguém não compra carne de porco porque sua crença diz que o porco é um animal associado com algo que come terra e lama. As pessoas com esta crença são ensinadas desde cedo que o porco é sujo, então elas o evitam, custe o que custar.

Estes são apenas alguns dos fatores psicológicos mais comuns, que podem explicar por que as pessoas compram ou não um certo item. Há mais motivos que muitas vezes são mais complexos que estes quatro. Esses motivos complexos muitas vezes são combinações destes quatro influenciadores básicos.

Capítulo 2 – Como Ignorar Anúncios

Os anúncios são criados principalmente para dar aos clientes uma ideia de quais produtos estão disponíveis no mercado e para incentivá-los a comprar esses produtos. São exibidos na TV, por impresso e na internet. As grandes empresas pagam caro para ter o melhor horário na TV ou no outdoor nas estradas mais cheias. Também despejam quantias enormes de dinheiro em equipes de marketing e criativos para poder sair na frente dos competidores.

A não ser que você viva embaixo de uma pedra, realmente não conseguirá escapar dos anúncios. Eles vêm de tantos canais diferentes, que fica difícil realmente bloqueá-los completamente. Mas há um modo de ignorá-los. Alguns dos modos mais eficazes estão detalhados aqui:

1. Diminua Sua Exposição – A TV e a internet são os lugares mais comuns onde os anúncios prosperam. Diminua sua exposição a estes canais e assim diminuirá sua exposição aos anúncios. Quando for assistir TV, por exemplo, tente levantar e fazer outras coisas durante os comerciais, em vez de ficar sentado e assistindo eles. Assistir os comerciais faz com que os produtos fiquem repetitivos e fáceis de se lembrar, para te deixar mais suscetível para comprar impulsivamente.

2. Use a pausa dos comerciais para ir ao banheiro, se exercitar, conversar com a pessoa ao seu lado ou conferir seu email. Coloque a TV no mudo durante os comerciais, para se certificar de que não ouvirá nada

3. Programa Adblocking – se deve usar a internet (como praticamente todo mundo), você pode encontrar um bom programa para bloquear anúncios, que os filtra para você não ter que ver eles ou não tão frequentemente. Estes bloqueadores de anúncios muitas vezes vêm com um preço. Escolha um que se adeque às suas necessidades e seu orçamento.

4. Use Serviços de Inscrição – Alguns serviços de inscrição, como a Netflix, te permitem assistir TV sem os comerciais te interrompendo a cada 10 segundos. Precisará pagar por estes serviços mensalmente, mas fique tranquilo de que não precisará ver um anúncio enquanto assiste sua série.

5. Aumente seu Conhecimento – quanto mais souber sobre um produto, menos provavelmente reconhecerá as promoções e artifícios que os outros anúncios estão exibindo. Você pode ignorar melhor um anúncio se conhecer o produto por completo. Saber das entrelinhas dos seus produtos favoritos te deixa menos suscetível a comprar um novo produto só porque tem as palavras NOVO e MELHOR carimbadas na frente do pacote.

6. Evite Vitrines – para alguns, isto pode ser difícil. Mas evitar o shopping ou a loja online por completo é uma das melhores maneiras de ignorar os anúncios. Em vez de olhar as vitrines, use seu tempo para fazer atividades mais produtivas, porém igualmente agradáveis. Escreva no seu diário, faça uma caminhada, leia um livro ou comece um novo passatempo.

7. Aprenda a se Contentar Com o Que Tem – Um dos motivos dos anúncios funcionarem é que sempre tentam

convencer os clientes de que precisam de certo produto em suas vidas para viverem melhor. Mas quando uma pessoa está contente com o que tem, ela se torna menos influenciada a comprar o produto. Se seu celular ainda está funcionando e servindo seu propósito, por exemplo, e você está satisfeito com sua performance, não pensará em substituí-lo assim que sair o novo modelo. Não quererá tanto os novos recursos, porque estará satisfeito com seu celular.

8. Esteja Alerta – cuidado com os anúncios que oferecem curas milagrosas e declarações inacreditáveis. Estes anúncios muitas vezes são apresentados na forma de infomerciais. Mesmo que suas declarações sejam impossíveis, todas as informações, descobertas das pesquisas, opiniões dos especialistas e depoimentos que colocam em seus infomerciais convencem os consumidores da eficácia do produto. Cuidado com estas táticas e não caia imediatamente por estes falsos anúncios.

9. Livre-se da Tentação – Não pegue panfletos distribuídos em shoppings, livre-se do spam e não se inscreva em newsletters de varejo ou alertas por mensagens. Eles te dizem mais sobre os produtos novos nos quais gastar. Quanto menos souber, melhor será para não comprar nada. Além disso, se realmente precisar de algo, com certeza você sairá e o buscará. Não tem que se render aos marqueteiros quando te dizem que você precisa do produto deles.

Pode ser difícil fazer estas coisas no começo, especialmente se seus hábitos incluem atividades que precisa evitar, como assistir TV hipnoticamente. Mas com a prática e um tanto bom de força de vontade, poderá se tornar um especialista em ignorar anúncios. Continue praticando e logo será tão natural que nem perceberá mais.

Capítulo 3 – Como Superar Hábitos de Despesas Compulsivos

Os gastos compulsivos, como são definidos por muitos especialistas psicológicos, são um comportamento humano onde uma pessoa coloca tempo e esforço enormes para comprar coisas, até chegar ao ponto de dificultar ou prejudicar sua vida e suas relações.

Este modo de gastar é considerado um problema psicológico, que muitas vezes requer intervenções e ajuda de terapeutas qualificados. Às vezes é considerado uma forma de vício, porque a pessoa sente uma animação natural quando obtém um item. Esta animação pode ser viciante ao ponto de a pessoa perder dinheiro e propriedades e cortar relações.

O efeito mais comum das compras compulsivas para algumas pessoas é a sensação de felicidade. Os consumidores compulsivos se sentem felizes todas as vezes que compram algo. Mas se arrependem instantaneamente, porque normalmente os leva para o buraco fundo da dívida. Eles costumam comprar coisas quando estão deprimidos ou tristes, para ficarem felizes. Seus hábitos de compras saem do controle e às vezes levam a discussões e discórdia entre eles e as pessoas que amam. Rixas começam a se formar, até que as famílias são despedaçadas por causa de todo este vício.

Para te ajudar a superar seus hábitos compulsivos, aqui estão algumas das maneiras mais eficazes.

Corte Seus Cartões de Crédito – algumas pessoas não veem os cartões de crédito como algo ruim, porque não veem o dinheiro real sendo trocado entre elas e a loja varejista. Isto te dá a ilusão de não estar realmente gastando dinheiro. Você fica mais confiante em gastar, porque vê que ainda tem um saldo na sua conta bancária. Mas quando vem a fatura, percebe que fez mais compras do que tinha dinheiro no banco.

A melhor maneira de se certificar de que não gastará desnecessariamente é saber para onde seu dinheiro vai. É melhor gastar usando dinheiro. Quando ver seu dinheiro acabando, é menos provável que continue a comprar.

Traga Quantias Exatas – você sabe o valor do ônibus. O dinheiro do seu almoço ou sua mesada para a comida do dia também devem ser orçados, para conhecer seu próprio limite. Traga apenas a quantia de dinheiro do dia, para não ser tentado a comprar algo quando passear pelo shopping.

Se estiver com medo de passar por uma emergência, traga dinheiro o suficiente para voltar para casa, mas se certifique de não deixar no mesmo bolso ou carteira que o seu dinheiro para gastar, para não gastá-lo "acidentalmente". Use apenas para emergências reais.

Monitore o Que Compra –quando se monitora as coisas que compra, é menos provável que compre coisas dobradas. Também te ajuda a ficar mais consciente dos seus gastos. Monitorar seus gastos te ajudará a entender aonde seu dinheiro está indo. Faça uma lista usando um app ou o bloco de notas do seu celular para facilitar.

Espere Antes de Comprar – Compre um item apenas depois de esperar um tempo. Cerca de 30 a 60 minutos é um bom tempo para esperar. Quando ver um item que realmente quiser comprar, seu corpo fica agitado e a lógica muitas vezes sai voando pela janela. Acalme-se e afaste-se do item. Se, depois de algum tempo, ainda não conseguir esquecê-lo ou sentir que ainda precisa dele, então é hora de comprar. Provavelmente, assim que se afastar, seu cérebro viu a lógica e perceberá que você não precisa de mais uma blusa rosa, já que já tem 10 em casa.

Use uma Lista e se Atenha a Ela – O supermercado é uma verdadeira armadilha para as compras por impulso. Com tantos itens ao seu redor competindo pela sua atenção, é tão difícil não se deixar levar e tirá-los das prateleiras e colocá-los no carrinho. Mas se tiver uma lista e souber os lugares exatos de onde encontrar os itens da lista, é menos provável que passeie por corredor atrás de corredor de itens comestíveis.

Arranje a Ajuda de um Amigo – Encontre pessoas cujas forças de vontade sejam mais fortes que a sua para te acompanhar nas idas ao shopping. Eles te ajudarão a se lembrar da usa regra de não comprar. Só se assegure de se ater aos seus lembretes, senão é inútil levá-los junto se no fim só vai ignorar os conselhos deles.

Faça Outra Coisa Sempre que Quiser Comprar – Faça uma caminhada, se exercite, continue no seu hobby, ou durma. Mantenha-se ocupado para não pensar em comprar.

A chave para superar seus gastos compulsivos é o autocontrole e o autoconhecimento. Assim que tiver controle sobre suas vontades e conseguir canalizá-las para atividades melhores, é menos provável que ceda ao chamado da terapia varejista.

Capítulo 4 – Aumente Sua Autoconfiança Com Orçamentos

O orçamento é uma prática antiga onde as pessoas juntam os fundos para as coisas que precisam comprar ou economizar. Quem orça seu dinheiro planeja como ele é gasto, para que todas as contas sejam pagas e as necessidades, compradas. É aqui que se considera sua renda e a combina com as coisas que precisa comprar para viver uma vida confortável.

Para algumas pessoas, orçamentos são difíceis, especialmente quando seus meios ou fontes de renda são limitados. Mas com o orçamento minimalista, um orçamento é sempre possível, não importa o tamanho da sua renda.

O que é um Orçamento Minimalista?

Um minimalista, definindo em termos gerais, é alguém que usa apenas alguns itens em sua vida e não sente a necessidade de preenchê-la com coisas materiais. Os minimalistas às vezes vivem com menos de 100 itens e ainda se sentem felizes, apesar de não terem o que os outros consideram como luxos na vida.

Um orçamento minimalista é algo parecido. As pessoas especialistas neste tipo de orçamento em sua maioria são minimalistas por natureza. Eles mantêm as coisas simples para não terem que gastar tanto. Valorizam a qualidade mais que a quantidade, então suas posses materiais duram mais que a maioria dos itens nos guarda-roupas das pessoas comuns. Eles são mais exigentes e preocupados com a durabilidade e longevidade em vez da popularidade e estética.

Os orçamentos minimalistas nem sempre significam que é preciso gastar menos. A maioria dos itens que o minimalistas compram são de alta qualidade, então às vezes pode ser mais caro no começo, mas também valerá a pena no fim. Comprar um produto de alta qualidade significa que não é necessário substituí-lo por um bom tempo, já que é mais durável.

Melhore Sua Autoconfiança nos Orçamentos Com Essas Dicas

Para realmente criar um orçamento minimalista e melhorar sua autoconfiança neles, você pode tentar essas ideias simples. Elas te ajudarão a gerenciar seus gastos sem te fazer sentir que está perdendo algo. Também te ajudarão a transicionar para um orçamento minimalista completo:

1. Descubra aonde seu dinheiro vai – a primeira coisa a se fazer é listar suas despesas. Listá-las te ajudará a identificar suas armadilhas de gastos. São roupas? São cafés muito caros da sua cafeteria local? Assim que descobrir onde estão suas armadilhas de dinheiro, você conseguirá evitá-las conscientemente. Se precisar ter um orçamento para estas despesas, pode colocar um teto ou um limite para a quantidade a ser gasta.

2. Desloque as quantidades para os itens mais importantes primeiro – liste as coisas que precisam ser pagas e quando vencem. Reserve um dinheiro para estas despesas assim que tiver seu salário. Certifique-se de não tocar neste dinheiro para outras coisas.

3. Algumas pessoas usam o método do envelope, onde colocam o dinheiro em diferentes envelopes. Quando é

hora de pagar estas despesas, elas simplesmente pegam o envelope certo, enquanto o resto permanece intocado.

4. Busque a ajuda de todos no seu lar – se for o único fazendo orçamentos enquanto o resto da sua família é gastador, acabará frustrado e rancoroso de todos ao seu redor. Criar um orçamento minimalista requer as contribuições e cooperação das pessoas ao seu redor. Elas devem entender o motivo do seu orçamento para não se sentirem por fora.

5. Compare Marcas e Ofertas – ao comprar itens de peso-pesado, não pule na primeira oportunidade ou oferta que aparecer. Descubra as melhores ofertas disponíveis antes de pular de cabeça. Confira também o plano de pagamento, para não se surpreender pela quantidade que precisará desembolsar para poder pagar a parcela ou o total.

6. Ao comprar carros, por exemplo, deve descobrir qual é o tempo da garantia, as inclusões na compra e outros detalhes importantes. Calcule os pagamentos mensais no seu orçamento e veja se precisa fazer cortes para fazer dar certo. Não só compre porque a entrada está baixa. Pode acabar pagando mais nas parcelas mensais.

7. Separe uma quantia para economizar – ter um pé-de-meia intocado é algo que pode te dar um senso de segurança. É importante orçar as economias, para quando surgir uma dificuldade ou tiver que enfrentar uma situação difícil que precisar de dinheiro, estará na mão. A regra geral é separar 20% da sua renda para as economias, mas pode adicionar mais se conseguir.

8. Saiba o que está disponível – algumas pessoas vão às compras para obter algo, para depois descobrirem que já têm em casa. Elas acabam tendo vários do mesmo. Quando você sabe o que tem e o que não tem, provavelmente não irá às compras só por não conseguir achar o item.

9. Orce pelos incidentes – As emergências ou incidentes podem incluir um carro tendo defeito e doenças ou incapacidade. Estas situações não são frequentes sob seu controle, mas afetarão bastante sua vida. Inclua estes itens no seu orçamento para que sua renda ou economias não sejam afetadas caso tenha que enfrentar tais situações.

Orçar fica mais fácil quanto mais praticar. Entre no hábito dos orçamentos em vez de ir às compras sem um plano. Eles podem dar uma sensação de restrição para alguns, mas quando se acostumar, verá que é sempre mais econômico que comprar a torto e a direito. Com bastante prática, poderá ficar confiante nas suas habilidades orçamentárias e, eventualmente, cortará as tendências de gastos sem pé nem cabeça.

Capítulo 5 – Melhore Seus Hábitos de Gastos

Agora que sabe como orçar, é hora de focar nos hábitos de gastos. Seus hábitos de gastos definem como você usa seu dinheiro. Hábitos ruins de gastos são caracterizados por compras impulsivas, arrependimento de consumo e dívidas elevadas. Hábitos bons de gastos, por outro lado, te ajudam a sair da dívida, te dão liberdade financeira e te fazem se sentir seguro no seu futuro.

Para melhorar seus hábitos de gastos, precisará saber o que os ativa. Algumas pessoas, elas gastam mais quando estão tristes ou deprimidas. Outras gostam de gastar quando estão felizes. Novamente o fator clima vem em mente. Este não é o caminho certo.

Comprar quando se está deprimido, triste ou sentimental, fará com que seja mais fácil gastar mais. Sua mente terá o motivo de ter tido um dia ruim e você precisa de algo novo para te deixar feliz. Esta é uma felicidade apenas temporária. Sentirá uma alegria na hora da compra, mas logo sentirá o remorso de ter comprado, especialmente se perceber que não pode pagar pelo item. Também se sentirá afogando em dívidas, o que te fará continuar no ciclo da depressão.

Quando estiver se sentindo triste, evite ir ao shopping ou a lugares onde muito provavelmente gastará dinheiro. Vá fazer atividades que te distraiam da tristeza. Coisas como brincar com seu bicho de estimação no parque, ler um bom livro, ou escrever no seu diário podem te ocupar e te tirar da tristeza. Estas atividades também não são caras. Ou tente fazer algo produtivo. Canalize sua tristeza na arte e música, crie canções ou obras de arte. Poderá liberar sua tristeza e criar algo lindo ao mesmo tempo.

Outro gatilho para os gastos é a felicidade. Receber aquele bônus no trabalho por algo bem feito pode fazer você se sentir como um milionário. Isto normalmente te dá vontade de se mimar e gastar muito dinheiro para celebrar seu sucesso. Mesmo que não haja nada de errado com celebrar conquistas, também é importante notar que gastar demais acabará com seus fundos ou bônus, então voltará a viver de salário em salário. Não cometa este erro de gastar todo o seu dinheiro de uma só vez. Separe-o nos canais certos, como economias, despesas e outras coisas importantes antes de gastá-lo para celebrar.

Quando encontrar na sua vida uma bolada ou uma grande quantia de dinheiro, a melhor coisa a se fazer para impedir os gastos é dar um passo par atrás e apenas respirar. A animação natural que sente depois de receber o dinheiro eventualmente se dissipará e você ficará mais sob controle dos seus hábitos de gastos. Ganhará uma perspectiva mais razoável assim que a alegria inicial sumir e provavelmente não gastará tanto.

A melhor hora para ir às compras é quando não sentir mais emoções tumultuosas e extrema que podem influenciar seus hábitos de gastos. Compre apenas quando sentir uma sensatez. A maioria das pessoas também sugere comprar apenas depois de comer, porque quando se está com fome, muito provavelmente gastará com coisas que mascarem o sentimento da fome.

Outra maneira de melhorar seus hábitos de gastos é se tornar consciente de si mesmo. Você deve saber a causa por trás de gastar mais que o necessário. Quando souber por que, conseguirá evitar melhor estas causas, então nunca sentirá a necessidade de gastar mais.

Capítulo 6 – Estratégia de Economia Para Sair da Dívida

Dívidas são algo por qual todas as pessoas passam em algum ponto de suas vidas. Se estiver com muitas por causa dos seus gastos e sentir que precisa se livrar delas, não se desespere. Ainda há um modo de sair. Para se ajudar, é necessário ter a atitude certa para gastar e economizar.

Quando a atitude de uma pessoa sobre os gastos é saudável, ela consegue controlar melhor seus gastos e se distanciar das tentações das compras. As pessoas com a atitude certa para os gastos, como quem os vê como algo que é direito deles, acham difícil se impedirem de comprar, mesmo se não tiverem mais dinheiro.

Economizar é uma das melhores maneiras de sair da dívida. Mas como as pessoas usam as economias para fazer isto? Não deveria pagar tudo com o dinheiro que tem ao invés de guardá-lo como economia? É feito da seguinte forma.

A economia, definida amplamente, é uma quantia de dinheiro que você guarda para usar em uma emergência. Quando sua economia é maior que sua dívida, você se sente mais seguro sobre seu futuro. Para usar as economias para sair da dívida, é necessário guardar disciplinadamente a mesma quantidade, ou uma maior, de dinheiro regularmente.

Por exemplo, se estiver ganhando $1.000 por mês e tiver uma dívida de $60.000. Da sua renda mensal, separe a quantia mensal para suas parcelas normais para pagar a dívida. Entretanto, separe uma quantia de dinheiro para guardar como economia.

Assim que tiver acumulado dinheiro suficiente como economia, digamos $10.000, poderá fazer bom uso desta economia pagando uma boa parte da dívida. Pagar isto diminuirá as taxas de juros, porque a quantidade principal foi reduzida.

Mesmo que acumular a economia não seja o modo mais fácil de sair da dívida, especialmente se tiver muitas despesas, ainda é um dos modos mais eficientes. Experimente economizar uma quantidade de dinheiro para depois usá-la para fazer pagamentos únicos para a sua dívida. Aplique esta quantidade paga nas quantidades principais e logo suas dívidas diminuem significativamente e você estará livre da dívida mais cedo do que esperava.

Capítulo 7 – Guia de Gestão da Grana

Gerenciar seu dinheiro é o processo de monitorar, orçar, economizar e investir ele. É o processo que descreve o que você faz com o dinheiro que ganha para fazê-lo crescer e ganhar quantias maiores. Para alguns, esta gestão vem fácil. Estas pessoas normalmente têm um bom conhecimento sobre o mundo das finanças. Para outros, esta gestão pode ser o mesmo que uma nova língua que precisa ser decifrada usando a pedra de Rosetta.

Para gerenciar o dinheiro eficientemente, umas das coisas a se fazer é dar as boas-vindas à vida frugal. Viver frugalmente significa não ir além do seu poder. Você só gasta nas necessidades e não se mima com luxos frequentemente. Não desperdiça dinheiro em coisas não essenciais. Para fazer isto, é necessário distinguir quais itens você quer e quais precisa. Gaste apenas nas coisas que precisar e se esqueça dos extras.

Outra maneira de gerenciar seu dinheiro é planejar suas despesas. Crie um gráfico ou agenda que te dirá diretamente o que precisa pagar e quando vence. Isto assegura que nunca perca um pagamento nem tenha multas no processo. Um planejador de despesas te permite ver aonde o dinheiro realmente vai e quais despesas estão comendo todo ele.

Os gestores de dinheiro especializados não compram um café de 20 reais quando se pode fazer em casa por menos de 5 reais o copo. Este é outro modo de gerenciar seu dinheiro. Seja esperto o bastante para saber quando pode economizar. Os gestores de dinheiro sabem identificar as partes de seus gastos que podem ficar de fora e cortá-las eficazmente. Isto rende economias maiores.

Gerencie seu dinheiro com investimentos sensatos. Pode parecer ser fácil de falar, mas é uma das melhores e mais eficazes maneiras de fazer crescer e gerenciar seu dinheiro. Quando investir ele, não o deixará apenas parado no banco não fazendo nada. Na verdade está usando seu dinheiro para fundar projetos que renderão dividendos e lucro para você. Um empreendimento de sucesso te presenteará uma renda adicional na forma de taxas de juros nos seus fundos.

Capítulo 8 – Sinta-se Financeiramente Seguro Todo Dia

Sentir-se financeiramente seguro todo dia significa não ter que se preocupar com suas finanças futuras. Não são muitas pessoas que podem dizer que estão financeiramente seguras, porque não sentem como se tivessem feito o suficiente para assegurar um futuro confortável. Mas só porque você não se sente financeiramente seguro agora não quer dizer que nunca ficará. Aqui estão algumas maneiras de diminuir suas preocupações sobre a segurança financeira hoje e no futuro:

1. Acumule uma boa conta de economias – saber que tem algo guardado em caso de emergências te dá uma sensação de segurança financeira como nada igual. Com uma grande conta de economias, não se sentirá como se ficará na miséria quando envelhecer e não puder trabalhar mais.

2. Compre um seguro – uma apólice de seguro é outra rede de segurança que te protege em caso de grandes perdas de dinheiro. Algumas apólices de seguros que podemos comprar são o seguro de vida, de deficiência e aposentadoria.

3. Invista sabiamente – as pessoas que são financeiramente seguras não ficam contentes apenas com uma grande conta de economias. Elas se sentem mais seguras quando sabem que investiram seu dinheiro em lugares que rendem recompensas maiores. Investem em coisas que comprovadamente rendem dinheiro.

4. Desentulhe e viva minimamente – as pessoas com muitas coisas se preocupam com a manutenção de suas posses materiais. Elas te impedem de se sentir no controle de seus gastos. Para assegurar que não gaste muito, deixe os itens não essenciais irem e viva apenas com o necessário. Quando tiver menos posses materiais com as quais se preocupar, se sentirá mais seguro sobre seu futuro.

5. Economize, mesmo que seja pouco – colocar algo na sua conta de economias, não importa a quantidade, ainda contribuirá para a sua segurança financeira. Faça com que colocar algo na sua economia seja um hábito.

Conclusão:

Obrigado novamente por baixar este livro!

Espero que este livro tenha conseguido te ajudar a entender as suas razões de gastar, te oferecido ideias sobre como segurar suas tendências de comprar por impulso e como economizar dinheiro. Lembre-se, há passos que você pode dar hoje para se certificar que não precisará se preocupar se terá dinheiro ou não quando já tiver entrado em anos. Só precisa de disciplina para economizar mais e muita moderação quando se trata de gastar.